AF614096

Para mi padre, el ser que más quiero en esta vida

Amineh Ishtay

Te Excribo, Amor

Aviso a Bibliotecarios: La catalogación bibliográfica de este libro se encuentra en la base de datos de la Biblioteca y Archivos del Canadá. Estos datos se pueden obtener a través de la siguiente página web: www.collectionscanada.ca/amicus/index-e.html
ISBN 1-4251-0168-2

Nuestros talleres gráficos utilizan "energía verde" de fuentes solares, eólicas y de otro tipo, las cuales no afectan negativamente al medio ambiente

EDITORIAL TRAFFORD
Oficinas en Estados Unidos, Canadá, Reino Unido e Irlanda

Venta de libros en América del Norte y al extranjero:
Editorial Trafford, 6E-2333 Government St.
Victoria, BC V8T 4P4 CANADÁ
Teléfono: 250 383 6864 (llamadas sin cargo: 1 888 232 4444)
Fax: 250 383 6804; email: pedidos@trafford.com
Venta de libros en Europa
Trafford Publishing (UK) Limited, 9 Park Street, 2nd Floor
Oxford, UK OX1 1HH UNITED KINGDOM
Teléfono: +44 (0)1865 722 113 (tarifa local 0845 230 9601)
facsimile +44 (0)1865 722 868; pedidos.ru@trafford.com
Pedidos por Internet:
Trafford.com/06-1925

10 9 8 7 6 5 4 3 2 1

"Te escribo, Amor

por Amineh Ishtay

Los días de la semana transcurrían y al llegar el martes su corazón latía con emoción y su alma estaba llena de felicidad. Algo le decía que ese miércoles él si vendría.

Adelia le rezaba a San Lázaro y a todos los santos para que le ayudarán y pedía con todas sus fuerzas que ese momento tan esperado llegará algún día.

El se lo había prometido y ella, después de tanto tiempo de espera, necesitaba creer en las palabras de Fred. A pesar de las muchas promesas hechas por un total desconocido, Adelia continuaba creyendo como lo había hecho desde pequeña en ese gran amor que tanto vivió en sus sueños.

Adelia era una joven de complexión delicada, frágil, con unas manos que seducían a todo aquel que las miraba; sin embargo, ella consideraba que su físico no atraía mucho a los hombres; al verse a sí misma, veía a una mujer de cuerpo muy normal y sin mucha gracia con la que atraer al sexo opuesto. Los hombres que pasaron por su vida dejaron cada uno una huella imborrable. Amores platónicos ,singulares e inolvidables, cada uno de ellos le lleno la vida de alegrías pero también de tristezas.

Un día Adelia fue al correo de su barrio como lo hacía normalmente en busca de cartas. Al abrir el buzón vio tres sobres, uno de ellos dirigido a Adelia Morales. Ella se llamaba Adelia pero no se apellidaba Morales. En ese momento pensó que lo más correcto era devolver la carta pero sin saber por qué razón decidió quedarse con ella. Puso los sobres en su cartera y salió del correo. Durante su trayecto a la casa se sintió mal sabiendo que esa carta no le pertenecía. No pudo encontrar en su memoria alguna oportunidad en la que haya tomado algo que no le perteneciera. La carta venía de Francia y la enviaba un tal Fred P.

-Pero ¿por qué hago esto?, se preguntaba Adelia sin conseguir una respuesta. *Esta carta no es mía y no debo de leerla.* Pero una voz interna le decía ¡ábrela!

De camino a su casa se consiguió con varias personas que

conocía. Sólo las saludo siguiendo de largo sin detenerse a hablar con ninguna de ellas. Caminaba rápido por la pequeña ciudad que constaba sólo de unas cuantas calles y por las que había caminado infinitas veces. Las casas construidas de madera y pintadas de varios colores hacían que Adelia se sintiera en un cuento de hadas. El olor a mar estaba siempre presente a dónde fuera, porque Colón está rodeado por las azules aguas del Mar Caribe.

Hasta ese entonces era feliz ahí, viviendo entre personas de diferentes razas y colores.

Mientras caminaba pensaba en tantas cosas que el camino se hizo corto. Sin darse cuenta de cómo ya estaba al frente de su casa pintada de blanco y de tejado rojo. Al entrar se dirigió de una vez a su habitación como solía hacer.

Tomando la carta estuvo unos instantes dudando si la abría o no. Esa misma voz que oyó anteriormente le decía *"Llegó a ti, ábrela, ábrela..."* Entonces, sin dudarlo más abrió el sobre. Un olor de colonia masculina salió del sobre impregnando su nariz. Todo el cuarto se inundó de la fragancia, un perfume que nunca antes había olido, un olor tan penetrante que la hizo sentirse diferente. Desdobló la carta y empezó a leer con curiosidad.

Mi amada Adelia,

Un día más no puedo pasar sin enviarte estas palabras. Nunca me había hecho falta tanto el expresar lo que siento. Mi mente no para de pensar en ti, día y noche, noche y día estas ahí. No sé lo que me has hecho; es como si una nube de magia me cubriera todo el cuerpo. Cada día que transcurre te pienso, te extraño y te deseo más. En todo momento estás en mi mente, cada instante es un sufrimiento para mi porque no te tengo . Siento que quiero pasar todo el tiempo que me queda de vida contigo. Adelia eres el amor de mi vida y siempre los serás. No podré amar a otra como te amo a ti, no podré tocar a otro cuerpo porque el tuyo fue suficiente para mi. ¿Sabes? Anoche soñe contigo. Soñe que hacíamos el amor y era tan real que me levanté sintiendo que estabas a mi lado. Te sentí tan real que me desperté sudando y buscando tu cuerpo para abrazarme a él pero lo busqué sin encontrarlo. Lloré de pena porque sabía que no es fácil que regreses a mi. Quiero que sepas que te amo más que a nadie en esta vida. Te amo en todos los idiomas del mundo. Después de sentirte en mi imaginación no podía dormir así que me senté a escribirte esta carta como en muchas otras noches he hecho. Cada vez que te envió una carta me siento mejor, siento que me he acercado a ti otro poco más. Es como si por medio de las cartas pudiera tocarte

y sentirte. Estas cartas son mi única manera de expresar todo lo que siento por ti. Nunca dejaré de quererte, amada mía.

Tuyo para siempre, Fred

Adelia al terminar de leer la carta lloraba porque nunca nadie la había querido como ese hombre quería a su amada. Deseaba que alguien la hiciera sentir mujer y poder ella ofrecer todo el amor que tenía en sus adentros. Desde ese día su diario, a quien llamaba Amor, fue su confidente y amigo de un sentimiento lleno de rosas, dudas y sufrimientos.

Amor,

He hecho algo que no debí haber hecho. Me siento mal. He abierto una carta que no me pertenece. No sé qué me pasó, sentí una curiosidad increíble. Me siento triste pero a la vez llena de esperanzas y ¿sabes por qué? Porque al leer esa carta me di cuenta que el amor si existe. La carta la escribió un hombre que quiere a su amada como a nadie en esta vida. Qué lindo escribe y qué cosas le dice en esa carta a ella. Que pena que no sea yo. Como quisiera que alguien me escribiera así, que me tuviera en su mente las veinticuatro horas

del día. Como quisiera poder sentir el amor , tocarlo, saborearlo , palparlo, verlo y oírlo. Siempre me he preguntado si realmente existe el amor. ¿Por qué unos lo encuentran y otros no? Por qué es generoso con unos y no con otros?

Sabes no debí de haber leído la carta. ¿Ahora que voy a hacer? Mientras leía la carta pensé que podría escribirle, el sobre tiene la dirección pero también he pensado que si no me contesta me sentiré muy mal, pero sino le escribo entonces me quedará siempre la duda que pude haberlo hecho y no lo hice. Ya te contaré, Amor.

Después de pensarlo por varios días se decidió a escribirle. Esperó que anocheciera y encerrada en su cuarto tomó un papel y una pluma. Olió una vez más la carta y se la llevó al corazón. Sentía que había algo que no podía explicar que le empujaba a plasmar en ese papel que ella también había perfumado lo que sentía .

Estimado Fred,

Disculpa que te escriba "Estimado Fred"; ya sé que no debería hacerlo. No tengo derecho alguno. No sé quién eres y tú no sabes quién soy yo. Somos dos simples desconocidos. Te estarás preguntando por qué

he abierto una carta que no fue escrita para mi y por qué razón me he tomado el derecho de contestarte. Tienes toda la razón de pensar lo que quieras. Ya sé que no soy Adelia Morales pero por casualidades de la vida también me llamo Adelia. No sé por qué esta carta llegó a mis manos. Ya sé que es una ligereza mía el haberla leído. Pero te juro que llegó a mis manos como por obra y gracia del Espíritu Santo. Sé que no tengo perdón de Dios por haber hecho lo que hice pero ya es tarde para arrepentirme. He hecho lo que mi corazón me ha dicho. ¿ Es acaso un pecado hacer lo que nos dicta el corazón? He pensado que si ha llegado a mis manos será por algo. ¿Sabes? me encanto tu carta y de cierta manera siento envidia de la buena mujer a la que le escribes. Me gustaría que alguien me escribiera como tú le has escrito a ella. Ya sé que mi abuso de confianza no tiene límites. Sólo quiero decirte que creo en el destino y esa carta estaba en mi buzón por algo. No me preguntes por qué, pues yo misma no lo sé. Sólo el tiempo lo dirá. No quiero molestarte con mis cosas.

Si algún día quieres contestarme me darías una gran alegría. Si te he molestado por favor discúlpame, no ha sido mi intención, no me gusta molestar ni mucho menos meterme donde no me llaman. Me gustaría tanto que fuésemos amigos.

Adelia Martínez

Adelia envió la carta, sin esperanzas de que Fred le contestará, su respuesta a esa carta que a pesar de no haber sido dirigida a ella le hacia sentirse bien y llena de una felicidad que ella misma no podía describir.

Adelia era una joven soñadora. Desde su adolescencia su familia le veía, sentada sola en algún rincón pensando, mientras ella, felizmente, imaginaba a un hombre joven de corazón noble, risueño y perdidamente enamorado de Adelia. Ese era su pasatiempo favorito: soñar su vida con ese hombre ficticio a quién lograba amar con tanta fuerza que sentía su presencia, aunque con igual profundidad sentía la ausencia de su amado imaginario.

Adelia era una chica singular, independiente, con ideas claras y muy responsable. En las casas en las que vivió siempre tenia un rinconcito donde disfrutar de su soledad y pensar. Cuando empezó el bachillerato sintió la diferencia entre ella y el resto de sus compañeras. A ella no le entusiasmaba ir a las fiestas como a sus amigas. Tal vez porque su padre no aprobaba que ella saliera o frecuentará fiestas. Era muy reservada y sentía que no era nada guapa como para atraer las miradas de los chicos. Así se fue construyendo una muralla que la rodeaba deteniendo a quien quisiera penetrar su mundo. Su mundo era de ella y sólo de ella. Su afición a la escritura empezó desde sus años en la secundaria, inspirada por una telenovela. La protagonista era un reportera y Adelia creó otra fantasía con esta historia en la que ella misma era la periodista investigando historias humanas e importantes.

Un día se sentó a escribir y sin saber cómo se le ocurrió ir a un periódico y preguntar si recibían contribuciones. Escribió un artículo y cuando este fue publicado supo que había encontrado su carrera. Desde ese entonces su amor por escribir se hizo cada vez más grande, liberando todo lo que tenía adentro y que no podía decir a nadie. Cuando vio por fin su artículo publicado supo que ella había nacido para escribir y para compartir con el mundo sus ideas. Cuando plasmaba en un papel sus pensamientos se sentía importante, sentía que podía llegar lejos. No quería morir sin dejar una huella en este mundo. Quería ser recordada por haber hecho algo bueno y ella sabia que para lograrlo tendría que trabajar duro y superarse. No era fácil porque su padre, un hombre de otra cultura tenía su manera particular de pensar y creía que las mujeres no tenían porque ir a la universidad. *Las mujeres se quedan en casa esperando que le llegara el hombre ideal para casarse*, decía él. Es cierto que Adelia soñaba con ese hombre ideal pero era ella la que quería decir cuando ese hombre podía aparecer en su vida. Su dura aventura empezó cuando terminó el bachillerato y muy entusiasmada decidió estudiar periodismo.

Las semanas pasaron y dos o tres veces a la semana se pasaba por el correo para ver si le había llegado algo pero no encontraba ninguna carta de él. Al ya haber pasado casi 6 semanas había perdido las esperanzas y pensando que Fred no estaba interesado en contestarle. Decidió no pasar por el correo esa semana y seguir con su vida diaria, escribiendo sus artículos, publicándolos en el periódico y por lo cual no recibía ni un sólo centavo. No le importaba porque el sólo echo de ver su nombre escrito ahí le daba muchos ánimos para continuar escribiendo. A veces se levantaba triste sin saber el por qué. Era como si algo le faltará, era un vacío que no podía explicar.

Un día al llegar de dar su paseo vespertino y al entrar a su cuarto a cambiarse como lo hacia normalmente sintió ese olor, el mismo olor que hacía varias semanas había impregnado sus sueños. *Me estoy volviendo loca no puede ser que ese olor me persiga hasta ahora*, pensó ella. De repente vio la mesita de noche y notó que sobre ella había un sobre. En ese momento oyó a alguien tocaba tocando a su puerta y fue a ver. Era su mamá.

- *¿Cómo estas hija? Te oí llegar.*
- *Bien mamá, acabo de llegar.*
- *Fui al correo y encontré unas cartas en el buzón, ahí en la mesita te puse una que te llegó.*
- *Gracias mamá, la leeré.*

De la felicidad que le había dado se despidió lo más rápido posible de su mamá sin saber aún si la carta la enviaba él. Con mucho entusiasmo tomó el sobre y sintió de una vez el aroma que este destilaba. Vio apresuradamente quien enviaba la carta y efectivamente pudo comprobar que era de Fred P, dando brincos como una niña. No lo podía creer le había contestado.

"*Me ha escrito. Por fin me ha contestado*", decía Adelia en voz alta. La felicidad era tanta que no sabía qué hacer, a dónde ir, si leer la carta o no, pero a la vez tenía miedo sentía que las manos le temblaban y sudaban. Pero ya no podía esperar más, abrió el sobre y sacó la carta.

Estimada Adelia,

La demora de mi carta se debe a que estuve muy enfermo. No creas por un instante que se debió a falta de interés o que tus palabras no me llegaron hondo. Para mí fue una sorpresa recibir tu misiva. Ya sé que no eres mi Adelia pero el destino insiste en poner en mi vida a otra mujer llamada igual que ella. Sí, Adelia, así se llamaba mi adorada . Ade como yo solía llamarla. Ella ya no existe pero existió y seguirá existiendo en mi corazón. Yo la quise y la sigo queriendo. Espero que esto no te moleste ni te ofenda pero me gusta ser sincero. No sé cómo llegó esa carta a tu buzón. Al parecer son cosas del destino. Un día que prefiero no recordar Adelia se fue y me dejo, para mí en ese mismo instante ella murió pero lo que siento continúa ahí adentro. Le escribo y se que no recibiré nunca una respuesta pero es lo único que puedo hacer, es la única manera de expresar el amor que siento por ella. No sé si alegrarme o qué. De todo modos no sé si quieras continuar escribiéndome. Todo depende de ti después de saber que mi corazón ya tiene due a y no sé si alguien pueda reemplazarla.

Adelia dejó de leer por unos instantes y se quedó viendo por la ventana como las ramas de los árboles se movían y se decía a si misma:

"No puedo competir con esa mujer. El la quiere a ella y yo no tengo puesto alguno en su corazón. No tengo esperanzas de que pueda sentir algo por mi. Creo entenderlo porque sé que nadie manda en el corazón."

Continúo leyendo.

Adelia no quisiera ser egoísta y pensar sólo en mi pero simplemente estoy siendo sincero. Ade lo ha sido todo para mi. En mi vida no he querido a nadie como la he querido a ella, pero lamentablemente me toca vivir de ilusiones. Ade ya no existe en cuerpo pero si en alma. Ade a pesar de que se fue y me dejó yo no me conformo con haberla perdido. Ella llenó mi vida de dichas y de mucho amor y eso no podré olvidarlo jamás. Ya se no debería decirte esto pero no me siento culpable por que no se quién eres y eso no me obliga a nada.

Adelia se detuvo, puso en la cama donde estaba sentada y se dijo "*vaya que si eres egoísta cómo me puedes decir todo esto. ¿Quién te crees que eres?*", pensó. Tomó la carta y siguió leyendo.

Adelia no sé lo que me pasa, disculpa no debería de hablar contigo de esta manera. Ya sé que sueno muy egoísta pero aún me duele la muerte de Ade. Ya hace 5 años que me dejó y aún no lo he podido superar. No quisiera ser ingrato contigo ni mucho menos. Te pido mil disculpas y es mejor que deje de escribir por ahora.

Mis más sinceros saludos

Fred P.

Adelia no sabía que pensar, se sentía triste y desilusionada. Nunca antes se había sentido así y con tantas ganas de decirle a ese hombre que no conocía mil cosas para que entendiera que ella era diferente y que le entendía mucho más de lo que él podía imaginar. En ese momento de furia decidió que no le escribiría, ya que lo único que había conseguido eran palabras que la habían ofendido mucho. Los días pasaron y mantenía su decisión de no contestarle a Fred. Pensaba que no valía la pena perder el tiempo con una persona que no conocía y que no la entendería. Continúo con su vida como lo había hecho. Pero para sorpresa de ella, Fred le escribió nuevamente y por curiosidad más que por otro sentimiento leyó la carta.

Estimada Adelia,

Después de pensarlo mucho decide darme una oportunidad y dártela

a ti también. Ya sé que fui muy ingrato contigo en mi carta. No fue mi intención. Trata de entenderme por favor. Para mi no ha sido fácil la perdida de mi adorada Ade y me ha sido muy difícil superarlo. Ya sé que han pasado varios años pero ella fue muy especial. Te prometo que no volveré a hablar del mismo tema sólo quería aclararlo contigo y creo que ya lo he hecho. Te propongo algo, no se porqué tengo la corazonada de que seremos buenos amigos y que si la vida nos ha unido de alguna manera por algo será. Me gustaría que continuáramos escribiéndonos creo que es una bonita manera de conocernos un poco. Demos tiempo al tiempo. Tu piénsalo y si después de todo lo que te dije aún deseas escribirme entonces me harás muy feliz. Sé que me he aferrado a un recuerdo y que esto lo único que logra es hacerme sufrir además de cerrarme las puertas a una nueva ilusión. Quisiera contarte tantas cosas de mi y que tú me cuentas de ti. Tal vez Dios ha hecho esto con algún propósito y yo no soy quien para rechazar tal vez la única oportunidad que él me esta enviando por el simple hecho de seguir viviendo en el pasado. Espero tu respuesta.

Mis sinceros saludos

Fred P.

Amor,

No vas a creer lo que te voy a decir. En mi vida no me había sentido más feliz que ahora. Fred me ha escrito y ha abierto una puerta. Ya sé, no debo entusiasmarme demasiado pero ¿qué puedo hacer? Tú sabes que yo soy así. No lo puedo creer. Ya había dado por terminado esto y no imaginaba que pudiera escribirme nuevamente. ¡Soy la mujer mas feliz de esta tierra! Tal vez suene tonto pero es así que me siento.

Tenía días que no te escribía pero la verdad es que estaba ocupada. Las cosas con mi viejo no andan bien. Nos hemos peleado. No quiere que vaya a la universidad. Me ha votado de la casa y me ha dolido mucho porque yo solo quiero estudiar. Quiero ser alguien en la vida. No me interesa salir ni andar por ahí como lo hacen las otras chicas pero él no lo puede entender. He tenido que quedarme en casa. Me ha dicho que si pienso estudiar que me vaya. ¿A dónde me puedo ir? Somos ilegales aquí y he tratado de buscar un empleo pero necesito el permiso para trabajar. No sé que hacer. Tendrá que verme la cara aunque no quiera. Quiero estudiar. No pienso hacer lo que a él le de la gana. Ya soy mayor y esta es mi vida. El ya vivió pero yo aún no he hecho nada. No sé porque le cuesta entender que vivimos en otro país y que las mujeres aquí no son como en su tierra. Hay tantas cosas de sus tradiciones y su manera de pensar que no puedo comprender. El dice esto tiene que hacerse así pero nunca hay una explicación lógica para mi. Tal vez para él sea normal pero yo no lo entiendo.

Estimado Fred,

He leído tu carta atentamente y para qué mentirte, me ha sorprendido bastante. No esperaba que me escribieras. Es una sorpresa muy agradable y me parece una muy buena idea de que seamos amigos. Me gustaría saber más de ti. ¿A qué te dedicas? ¿Qué haces en tu tiempo libre? No sé, cuéntame sobre tu vida y yo te contaré sobre la mía.

Tengo una familia numerosa, cuatro hermanas y dos hermanos. Cada uno tiene un carácter diferente, físicamente no nos parecemos mucho. Tuve una infancia buena, sin ningún tipo de carencias. Yo siempre he sido diferente al resto de mis hermanos. Soy la pequeña de las muchachas y en cierta manera me han tenido sobre protegida todo el tiempo. Me han cuidado mucho, diría yo que demasiado, especialmente mi madre, quien se preocupa a todas horas por mi. Toda esta preocupación se debe a que desde pequeña era bastante delicada. Me desmayaba por todo y mi pobre madre no dejó médico al que no me llevará para saber la causa. Ningún doctor le pudo decir nada en concreto así que la única solución era cuidarme y prevenir por todos los medios que me golpeará. Cuando mis hermanos jugaban, a mi me sentaban en un rincón donde solo podía ver, no jugar. Eso no me molestaba porque yo siempre he sido tranquila y la verdad los juegos no me interesaban mucho. Prefería sentarme sola y pensar en cosas bonitas. Esa soy un poco yo. Luego te iré contando más, poco a poco. Espero saber de ti.

Adelia

Fred empezó a escribirle a Adelia con muchas frecuencia y al parecer empezaba a compartir con ella un sentimiento que él no podía describir. En cuanto a Adelia, las cartas de Fred le llenaban la vida de felicidad. Soñaba en poder compartir con él muchos momentos de ternura. A veces las dudas le invadían porque sentía que él no era del todo sincero con ella.

Amor,

Ya han sido varias las cartas que he recibido de Fred pero hay algo que me no me permite confiar en él. Es como si escondiera algo y aún no descubro lo que es. Le he preguntado pero él insiste en que son sólo ideas mías. Dice ser sincero pero no sé qué pensar. No quiero cerrarme las puertas como lo he hecho en otras oportunidades. Creo que la vida es una y hay que vivirla. Amor, los problemas con papá han seguido. No me habla. Le doy los buenos días y no me contesta. No importa, porque yo sigo con mi idea de estudiar. He ido a la universidad y me he inscrito. Finalmente podré estudiar lo que deseo: periodismo.

Creo que voy encaminado mi vida. Papá no me da dinero para nada. He pedido ayuda en la universidad para poder pagar los 24 dólares que me toca por el semestre. Al menos mamá me está ayudando. El le da a ella todos los sábado plata para hacer el mercado y la pobre trata de guardar algo para que yo pueda pagar mis gastos de la universidad. Algún día tendré dinero y juro que con mi primer sueldo le compraré a mi mamá un regalo. Con respecto a Papá, no necesito su dinero que se quede con él. No quiero deberle nada y cuando por fin tenga mi diploma lo tendré con orgullo porque me lo he ganado con mi sudor. Lo único que quiero en ésta vida es tener una profesión y llegar a sentirme orgullosa de mi misma.

Adelia esperaba con mucho curiosidad las misivas de Fred a pesar de saber que algo escondía y soñaba con el momento en que por fin pudieran conocerse. Para ella el encuentro con él era su diario alimento. Deseaba con todas sus fuerzas tenerlo frente a frente. Sentía quererlo como nunca antes había querido a nadie. Era un sentimiento que muchas veces dolía y que le ardía por dentro. A veces quería volar para poder estar cerca de él .

Amor,

¿Sabes? Me ha escrito y me ha dicho que quiere venir a verme. No lo puedo creer. Me ha enviado una foto y es tal cual me lo imaginé tantas veces. Tal vez soy una soñadora pero es tan grande esto que siento que no paro de pensar en él. Le he escrito un poema:

Eres mi estrella

Cuando veo a las estrellas pienso en ti y siento que mi corazón se hincha de dicha y un regocijo casi imposible de describir. Es algo grande y sabes porqué, simplemente porque te veo en cada estrella que hay en el cielo.

Te Escribo, Amor

Muchas veces me pregunto si puede haber un amor tan grande como este que siento por ti.

A veces pienso que sólo son ideas mías. Ideas que me fabrico para ser feliz. Y para sentir que alguien me puede querer con un amor diferente, un amor de un hombre hacia una mujer.

Cuando veo a las parejas agarrados de las manos y besándose siento felicidad por ellos porque se que son dichosos y esa dicha hecha energía sale como rayos de sus cuerpos enviándonos a aquellos que estamos cerca un poco de su luz.

Algún día irradiaré igualmente tanta luz como ellos y eso me da paciencia y me hace soñar en ese tan preciado día.

Cada estrella que hay en el cielo eres tú y quiero verte así, porque tú para mí eres una estrella muy brillante y llena de luz.

Tal vez ahora seas incansable pero sé que si todos los días me paro en mi ventana y hablo contigo, deseando que me escucharas y en el momento menos esperado bajaras y me digas: "aquí estoy para que seas mía y para amarte por el resto de mi vida".

Adelia seguía esperando con ansias los miércoles con la esperanza de que Fred apareciera. Las cartas de él se hacían menos frecuentes y cuando ella le escribía preguntándole si tenía algún problema él siempre contestaba con una negativa. Fred le decía que le diera tiempo y pronto estarían juntos como lo había prometido.

Amor,
Ya he empezado la universidad y estoy feliz. Tengo algo que contarte, estoy sintiendo algo raro por uno de mis profesores. El es gringo y la verdad que es muy guapo. Nunca había sentido esto que siento. Su nombre es Allen: es alto, rubio, de ojos azules y delgado. Imagínate, yo no sabía que habían cambiado a mi profesora y precisamente ese día que él empezó a dar las clases me aparezco yo en la universidad sin nada de maquillaje y con una cara de cansancio que era imposible esconder. Quería morirme. Pues bien, nos ha dicho que tenemos que tener un diario, el cual él leerá varias veces a la semana con el fin de corregir nues-

tra redacción. Lo escribí y me lo entregó con una nota donde decía que quería verme en su oficina a las 12 p.m. No sabes los nervios que tenía. Ese día me arreglé y me puse bella. Mis demás compañeras se morían por saber lo que el profesor tenía que decirme. Yo misma no sabia cómo describir lo que sentía por él. Cuando lo veía las piernas me temblaban. Cuando estaba dando las clases no podía concentrarme porque veía sus ojos azules y era imposible para mi enfocarme en lo que él decía.

Ese día antes de entrar finalmente en su oficina a la hora citada me sentía entre las nubes. Creo que tendría una cara de susto. El, muy cordial, me pidió que me sentara. Vestía un pantalón color caqui y una camisa azul. Nunca lo había visto más bello. El, con una dulce sonrisa, dijo que mi diario le había llamado la atención. Mientras él hablaba yo escondía mis manos bajo el escritorio para que no notara que me temblaban. El siguió hablando.

- Me parece interesante lo que haces, pintas y escribes para un periódico.

Yo escuchaba con atención lo que decía y con una media sonrisa y con muchos nervios le conteste que así era. Me pidió leer mis artículos y ver algunos de mis dibujos. Le dije que le daría algunos artículos pero que todos estaban escritos en Español a lo que él me contesto que usaría el diccionario si fuera necesario para poder entenderlos. Allen no hablaba español ya que era de Georgia - Estados Unidos. Sentía que quería volar. Me sentí súper halagada. ¡Usar el diccionario para entender mis artículos! No lo podía creer. Yo era importante para él cuando se tomaría esa molestia de traducir mis escritos para él saber lo que yo quería decir en ellos. Me sentí grande y me sentí importante. Le prometí que al día siguiente le entregaría unos artículos y unos dibujos. Las piernas me seguían temblando pero ahora el corazón me daba un vuelco increíble. Afuera me esperaban mis compañeras de universidad con caras de dicha y sorpresa a la vez. Cuando salí, yo tenía cara de haber visto espantos y ellas de querer saber todo. Las cuatro preguntaban al mismo tiempo. No sabia a quién contestarle primero. Entonces fue cuando les dije: "*Un momento, así no puedo contestarle a todas. Ya les cuento...*"

Los primeros años de universidad de Adelia fueron especiales porque había hecho muy buenos amigos con quienes disfrutaba de horas muy agradables. Entre problemas que para ella eran grandes como el no tener muchas veces como pagar la matrícula y el escaparse a estudiar a la capital sin que su padre se enterara, esas horas eran una gloria para ella.

Amor,

Papá no sabe que estoy estudiando en la capital. No es nada fácil. Me toca tomar el bus a las 6 de la mañana. No sé por qué, pero se queda dormido en la sala y cada vez que voy a salir me toca hacer mil piruetas. El otro día me tocó adelantar el reloj que esta en la sala. Eran las 5 a.m. y puse las 7 a.m. para poder salir. Esto no ha sido todo, me ha tocado quitarme los zapatos para no hacer ruido y así papá no me escuchara cuando salgo. Todo me pone muy nerviosa. Es como si yo estuviera haciendo algo malo y simplemente estoy estudiando. No le entiendo, ni a él ni a su cultura. Amor, no creerás lo que te voy a decir. Presenté un examen con Allen y yo fui la única que sacó muy buena nota, saque cien de cien. De sólo acordarme se me pone la carne de gallina. Cuando me dio el examen se acercó a mi y me dijo al oído que yo era la única que había sacado esa nota. ¡ Qué felicidad!. No lo podía creer. Mi amor platónico con quien he soñado tantas noches me habló al oído. Fui la mujer más feliz del mundo. Con tan poco me contento. A veces se interesa tanto por mi que no sé si son ideas mías o si es verdad. Tal vez en mis ansias de sentirme importante para un hombre me hace imaginar situaciones.

Adelia seguía recibiendo las cartas de Fred pero ahora con menos entusiasmos y con la duda de no saber si le quería a él o a Allen. Ella le rezaba a Dios para que le diera una luz y la llevará por el sendero correcto.

Mi querida Adelia,

¿Te ocurre algo? Has tardado en escribirme. Espero que estés bien. Si algo te pasara me partirías el corazón. Eres lo más importante para mi. He estado ocupado en mil cosas pero siempre pensando en ti y esperando tus cartas. Me preguntas si voy a visitarte y te aseguro que tenía casi todo listo pero han matado a un amigo mío y me ha tocado arreglar los documentos para que su cuerpo fuera extraditado a su país. Esas cosas toman tiempo ya sabes. Me he puesto muy mal al saber la noticia, pero el deber es deber. Cuando termine con esto te prometo que iré. Espero que tu familia esté bien. Me cuentas que tu padre está delicado, que le han dicho que tiene que empezar a hacerse diálisis. Ten confianza en Dios que El sabe lo que hace. Ayúdalo y dale tu apoyo que seguro que lo necesitará. Escríbeme pronto. Un

beso, te quiero.

Estaba entre dos sentimientos y no era fácil. Dos amores platónicos pero a uno lo podía ver y al otro no. Los ojos azules de Allen le hipnotizaban, mientras que los ojos de Fred eran un espejismo que aparecía sólo cuando una carta llegaba. No sabia si quería a Fred o si sólo era una ilusión más. A veces sentía quererlo pero toda esa confusión empezó cuando apareció Allen, la ternura de su mirada era su nueva felicidad.

Amor,
No sé lo que me pasa con Allen, no sé si es mi imaginación o si realmente él siente algo por mi. Ayer cuando fui a la clase lo vi tan bello que no me daban ganas de hacer nada más que verlo . A veces cuando siento que me mira y el corazón me empieza a latir a mil. Sabes, me trata muy bien, me presta sus libros, si no entiendo alguna clase me la explica, pero aparte de eso nada más. Si algún día sucediera algo entre nosotros no sabría qué hacer ni cómo actuar. Nunca nadie me ha besado. Me da miedo hacer el ridículo. Fred sigue enviándome cartas, me animan por poco tiempo y luego salta la imagen de Allen y Fred se esfuma.

A veces me digo que lo que sentí por Fred no era real por que si realmente lo quisiera no estaría entre estos dos amores. No sé, siento que le quiero a los dos pero uno es más real que el otro. Supongo que es porque uno está cerca y el otro lejos.

Pasaron varios meses y Allen seguía alimentando los pensamientos de Adelia y ella continuaba soñando con él y en un encuentro en el que él le diría cuanto la quería. Sin embargo, su sueño se desmoronó ~~un~~ el día en que empezaron los disturbios políticos en el país.

Amor,
Hoy me siento más angustiada que nunca. Estaba en la universidad y Allen me dijo que quería hablar conmigo. No tenía tiempo y le dije que lo dejáramos para el día siguiente. En la universidad había una locura total. Entró la policía y empezaron a tirar gases lacrimógenos. Estaba asustada. Tenia que regresar a casa antes de que algo pasará. Han pasado varios días y no he podido ir a la universidad. Todo esta cerrado y todo el mundo permanece en sus casas. El ejército norteamericano ha entrado a la ciudad y está hecho un caos. Las casas vacías han sido vandalizadas y se han metido en almacenes y supermercados los mismos nativos a

robar. No sé nada de Allen sólo espero que esté bien y que no le haya pasado nada. Amor, si le pasa algo me moriría. No sabes cuanto le quiero aunque él no lo sepa. Espera Amor, está sonando el teléfono...

Ya estoy aquí. No lo puedo, creer era Rosa, mi amiga de la universidad, quien me llamaba y me ha dicho que Allen se ha ido del país. No entiendo cómo esto ha pasado. Se ha ido. ¿Ahora qué puedo hacer sin él? No puedo dejar de llorar, el corazón me duele. Rosa no sabe mucho tampoco, le han dicho que su embajada lo ha sacado del país al igual que a muchos de sus compañeros que trabajaban aquí. Amor, no supe lo que quería decirme ese día, me he quedado sin saber y lo más probable es que no le vea de nuevo. ¿Por qué me tiene que pasar? No puedo parar de llorar, Amor. Siento que el corazón me va a estallar. Nunca me había sentido tan triste en mi vida. Tan desdichada. ¿Por qué tenía que irse? ¿Por qué no oí lo que tenía que decirme? Ahora vienen a mi mente tantos recuerdos. Es como si lo tuviera frente a mí y como si pudiera sentir su calor, un calor que nunca tuve más cerca de lo que las normas nos lo permitían. Quisiera salir a correr, gritar, llorar y sacar todo este dolor tan fuerte que me aprieta el corazón. No quiero que nadie me vea así. No sé a dónde se ha ido, ni cuanto tiempo tardará. No sé si regresará y eso me angustia y me mata.

Amor,

He ido a la universidad y me he enterado por los mismos profesores de la facultad que efectivamente Allen tuvo que salir del país como muchos otros norteamericanos que se encontraban en Panamá. Cuando entré al departamento sentí algo raro, quería llorar. No podía imaginar que él no estuviera ahí. Entré y fui recorriendo cada aula con la esperanza de que a Rosa la hubieran dado la información errónea. Empece a asomarme a través de la pequeña ventana que tiene cada puerta pero no lo veía, no veía esos ojos azules que me habían robado el corazón. Finalmente, después de haber recorrido todas las aulas como una fantasma decidí entrar a la sala de profesores con la última esperanza de que estuviera ahí. Deseaba más que nunca abrir esa puerta y encontrarme con él y volver a sentir como el corazón me daba un vuelco. Al tocar a la puerta tome un respiro profundo y cuando me dieron permiso abrí la puerta, despacio como si mi mano no tuviera fuerza alguna. El corazón me latía tan rápido que sentía que me desmayaría en ese instante. Ahí estaban dos profesores del departamento de comunicaciones. Las palabras a penas me salían pero lo único que podía hacer era preguntar después de un instante si era verdad que el Profesor Allen había viajado y estos confirmaron que era cierto. Sentía que el mundo se me caía encima. Con las lágrimas casi a punto de saltar les pregunté si sabían a dónde había ido y si regresaría, pero ninguno de los dos supieron decirme nada. Lo único que agregaron es que esperaban pronto saber de él. Di las gracias y salí de la oficina como alma que lleva el diablo. No quería que nadie me viera llorar. Sólo yo entendía lo que me pasaba y no tenía ganas de decirle a nadie que estaba sufriendo por un amor imposible, por un amor que me había creado yo misma. Me fui al baño me encerré en uno de los cubículos y empecé a llorar como nunca antes lo había hecho. Era un sentimiento horrible. Era como si me estuvieran arrancando el corazón a pedacitos. No sé cuanto tiempo estuve ahí adentro. Oía como entraban y salían las muchachas pero trataba de no hacer ruido alguno para que nadie se diera cuenta dc que estaba llorando. Cuando sentí que no había nadie en el baño salí, me lavé la cara, me puse los lentes oscuros y me fui de la universidad. Para mi suerte no vi a ninguno de mis compañeros. Salí lo más rápido posible. Quería salir de ahí y no pensar más en nada. Me sentía la mujer mas desgraciada de esta tierra. Empecé a caminar y a caminar. No me interesaba nada. En ese momento supe que no apreciamos lo que tenemos hasta que lo perdemos y que nunca debemos de dejar lo que podamos hacer hoy para mañana porque no sabemos si habrá un mañana. Es una lección que nunca olvidaré.

Adelia nunca olvidaría ese gran y profundo amor. A pesar del paso de los años recordaba con mucho cariño aquel momento de su vida. No lo podía olvidar porque simplemente no quería pero tenía que seguir y sólo le pedía a Dios que la ayudase a ser más fuerte. Su vida tenia que transcurrir y vivir. Continuo escribiéndole a Fred y ayudando en lo que podía a su padre. La vida tenia que seguir aunque continuamente pensaba en Allen e imaginaba que estaba con él.

Adelia tenía que hacerle frente a la enfermedad de su padre quien poco a poco se iba consumiendo en la sombra de un cuarto de diálisis. Era cierto para sus allegados que ella y su padre no se habían llevado de mil maravillas pero ella sufría a solas por ser partícipe del sufrimiento del ser que más quería en la vida. En sus noche de soledad lloraba porque le dolía en lo más profundo ver como la mirada de su padre, quien siempre había sido un hombre tan fuerte, se le iba apagando porque la diabetes se había encargado de robarle la vista. Ya no era sólo la diálisis sino también que sus grandes ojos negros no podían ver sino un sombra que iba con él a todos lados. En muchas ocasiones decía que un niño lo acompañaba a todos lados y una mujer vestida de rojo. No sabían a quien se refería pero él insistía que estaban con él en todo momento.

Eso les preocupaba porque habían oído decir que cuando esto ocurre la persona tiene los días contados. Adelia lloraba en la oscuridad de su cuarto al saber que podía perder a su padre pronto. Todo resultaba tan duro que no sabía qué sería de ellos cuando ese momento llegase. No sabía si tendría fuerzas para poder afrontar tanto dolor. No quería pensar pero el tener a su padre al lado de su cuarto, oírle quejarse de dolor en las noches y no poder hacer nada por él le partían el corazón, no había manera alguna de que su mente pensara en otra cosa que no fuera la salud de su padre. Todas las noches le rezaba a San Lázaro para que el dolor que su padre sufría fuera menos y que se cumpliera la voluntad de Dios pero no quería verle sufrir. Lo quería como a nadie en esta vida y veía como poco a poco su mirada y su corazón dejaban de tener ese latido de felicidad. La preocupación se hacía cada día más grande ya que un pies se le había empezado a poner morado y los médicos habían dicho que las posibilidades de tener que amputarlo aumentaban. Su padre era un hombre fuerte porque a pesar de tener tanto dolor y al saber que podía perder una extremidad no se quejaba en lo absoluto. Sólo dormía, como para no pensar y alejarse de la realidad.

Amor,
Hace unos días me paso algo muy extraño. Todavía no me lo puedo explicar. Llevo unos meses muy nerviosa. Lo de papá me está matando. No sabes cuanto quisiera poder tener un antídoto y ayudarlo a salir de esta pesadilla. Para mi es horrible. No quiero verlo así. Se me parte el alma. Fui a visitar a los niños al centro de impedidos como lo llevo haciendo ya varios años. De repente sentía algo extraño,unas ganas inmensas de llorar. Llegue a casa y me encerré en mi cuarto a llorar. Era algo que no podía describir. Es como si sintiera que algo malo fuera a ocurrir. Lloraba y lloraba sin poder detenerme. Ya llevaba unos días así. Me daban unas palpitaciones y las manos me sudaban bastante. Me sentía mareada y no le veía sentido a nada. Pensé que sería el cansan-

cio. Mi madre vino al cuarto y al verme en tal situación decidió llamar al médico. El doctor después de hablar conmigo llegó a la conclusión de que lo que tenía era ansiedad . Me prescribió unas pastillas para que me calmará pero le dije que no quería. No quiero hacerme adicta a ellas. No sé lo qué voy hacer. Después de este desagradable incidente no me atrevo a salir de casa. Me da miedo y siento que me voy a desmayar. Estoy bien y de repente empiezo a llorar por nada. La vida me ha cambiado. Siento que estoy en un círculo que da vueltas y vueltas y llego siempre al mismo punto donde empecé. No he salido de casa por una semana. Una amiga mía ha venido a verme y me ha dado algunos consejos. Me ha dicho que ella pasó por lo mismo. Que tengo que ser fuerte y que sólo yo puedo salir de este túnel. He hecho una cita con una psicóloga. Necesito hablar con una profesional... Siento que me estoy volviendo loca.

Adelia asistió a la cita con la psicóloga, aunque nunca antes había visitado a un doctor de esa profesión. Al empezar a hablar sus lágrimas empezaron a correr por sus mejillas.

- Doctora, siento que me estoy volviendo loca. No me puedo controlar. Todo el día siento miedo, angustia, algo que no sé explicar. El doctor me ha recetado unos calmantes pero no quiero depender de ellos. Doctora, dígame por favor, qué me esta pasando.

Amor,
He ido a la doctora y me ha dicho que tendrá que hablar conmigo más ampliamente, debe de saber más cosas de mi, de mi infancia y de mi adolescencia. Pero me ha dicho que lo que me pasó ese día fue un ataque de pánico. También me ha dicho que siempre he estado súper protegida y que la enfermedad de Papá puede haber creado esa ansiedad. Me sentí un poco mejor hablando con ella. Fue como si me hubiera quitado un peso de encima. Me ha dado unas técnicas de relajación para que aprenda a controlarme y a relajarme. Si me hubieras visto hoy poniendo puntos rojos en el servicio, en la cocina, en las escaleras, por todos lados. Esto me parece interesante. Cada vez que vea ese punto rojo debo de respirar profundo, para que mi organismo se relaje. Lo he hecho y ahora me siento mejor. La doctora me ha prestado un libro sobre los ataques de pánico. Lo he empezado a leer pero me pone tensa. No puedo creer que yo tenga eso.

Adelia siguió asistiendo a la consulta del médico por varios meses. Había mejorado un poco pero los ataques aparecían de veces en cuando. No con la misma frecuencia ni con la misma intensidad pero cuando ocurrían era como si casi todo el trabajo que ella hacía se desvaneciera en unos pocos minutos. Tal vez para su suerte en ese entonces estaba de vacaciones y pasaba sus días libre en casa practicando yoga, leyendo y haciendo sus ejercicios de relajación. Muchas veces cuando se iba a la cama a dormir lloraba porque había algo dentro de ella que no entendía. Sentía que era otra persona, ya no tomaba las decisiones fácilmente como lo hacia antes. Su vida había dado un giro muy grande y ella no sabia si era para bien o para mal. El recuerdo de sus dos amores platónicos se convirtieron en su tabla de salvación.

Estimado Fred,

Ya sé que no te escribo con la misma frecuencia de antes pero me gustaría ser sincera contigo y explicarte por lo que estoy pasando. En estas últimas semanas la vida me ha cambiado. Estuve bastante mal pero gracias a Dios ahora estoy un poco mejor. Me dieron unos ataques de ansiedad debido al fuerte *stress* que tengo. No te preocupes ya estoy mejor. No quiero que te asustes. Cuando me dan los ataques me da por llorar y me siento mal pero no tengo ninguna reacción violenta ni mucho menos. En cuanto a mi padre, un día esta bien y otro tiene los ánimos bajos. El médico ha dicho que le tengamos paciencia que eso es normal. Al pobre le han dicho que tiene que ir a la diálisis tres veces a la semana. El esta sufriendo mucho. El es una persona muy activa y no esta acostumbrado a estar metido en casa todo el tiempo. Trato de hacer tantas cosas para no pensar en ello pero es casi imposible.

¿Y tú qué tal? Espero que todo te vaya bien. Cuando empiezo a escribir te cuento todo lo mío con tantas noticias tristes y la verdad que no quiero abrumarte con mis lamentos. Te abro mi corazón y sin embargo, tú no compartes conmigo tus cosas. A veces siento que guardas algo y no sé qué es. Si tienes cualquier cosa que decirme, hazlo por favor. No me gustaría enterrarme de que me estas mintiendo. Sólo te pido que seas sincero. Escríbeme pronto, un beso.

Adelia

Mientras que el lejano amor de Fred le daba a Adelia fuerzas para seguir peleando contra la ansiedad que no desaparecía a veces sentía que no quería ver ni oír a nadie. A pesar de no haber sido una chica muy sociable en el pasado, ese cambio no le gustaba pero la doctora le había dicho que tenia que acostumbrarse a él y que la ansiedad no desaparecía del todo. Seguiría ahí, dentro de ella y eso era un razón por la que tenia que cuidarse mucho.

Amor,
La situación por la que estoy pasando no es fácil para mi, pero supongo que saldré pronto de todo esto y luego lo veré como un mal sueño. Me gusta vivir tranquila, no me gustan las peleas ni las complicaciones. Cuando era pequeña y mis padres se peleaban me encerraba en mi cuarto para no oír nada y cuando ya sentía que habían terminado volvía y salía. Supongo que esto ya decía la clase de persona que sería. Ellos me enseñaron a tener miedo y siempre me cuidaban mucho por temor a que me desmayara o que me pasara algo. Me veían muy vulnerable y débil. Aunque ese "veían" no debería ponerlo en pasado, sino en presente porque todavía me consideran vulnerable y débil . Pero en realidad soy más fuerte de lo que ellos piensan y puedo hacer muchas cosas pero esa idea de ellos han hecho que piense dos veces antes de hacer cualquier cosa. Muchas veces he pensado en irme

de casa y hacer mi vida sola, pero ya sé que no es fácil ni mucho menos. No tengo un trabajo y cómo podría vivir sin dinero. A mis padres no les gustaría la idea. Quisiera ser independiente, no tener que depender de nadie y poder decidir por mi misma sin tener que pedir permiso para todo. Quisiera ser yo misma, sentir que hago algo por mi pero también por los demás.

Mientras Adelia trataba de superar todo por lo que pasaba los médicos habían decidido que tendrían que amputarle la pierna a su padre, la gangrena ya había subido mucho y era un riesgo que permaneciera así.

Fue un golpe duro para todos, especialmente para su padre quien se aferraba a Dios como único consuelo a tanto dolor. El día de la operación llegó y todos estaban cerca del padre menos Adelia quien prefirió quedarse en casa rezando porque sentía que no podría confrontar tanta pena. Sentía que sería un estorbo en el hospital, así que se dijo que mejor se quedaba en casa rezando para que todo saliera bien. Al pasar las horas, recibió una llamada de la hermana que le comunicaba que la operación había salido bien pero le habían apuntado la pierna por arriba de la rodilla. Lloró hasta más no poder; no sabia como podría verlo nuevamente. Estaba contenta porque al menos estaba vivo y con ellos, pero sabía que era una gran golpe para su padre quien era un gran luchador en la vida.

Querido Fred,
Te he tenido olvidado por estos meses pero no he tenido otra alternativa. A papá le han amputado la pierna y todos hemos sufrido mucho. No ha sido fácil para ninguno de nosotros; mucho menos para él. A pesar de que le amputaron la pierna que tenía gangrena, él se sigue quejando de que le duele. El médico dice que es normal, que es algo en su inconsciente. Ya han pasado dos meses de la operación y aún me duele mucho verlo así. Prometo escribirte con más frecuencia. Quiero decirte que ya estoy por terminar la carrera y eso me da mucha felicidad. Por fin seré periodista; por fin veré cumplido uno de mis sueños. Fred, es estos momentos deseo que estuvieras conmigo, que me apoyaras y tener un hombro amigo donde poder poner mi cabeza y sentir que alguien me quiere y me cuida. Tu promesa de venir la veo cada vez mas distante; es como si ese día en que por fin nos encontremos no existiera. Muchas veces me pregunto si es verdad que me quieres. No me gustaría que estuvieras jugando con

mis sentimientos porque simplemente no lo soportaría. Sería demasiada la tristeza. En estos últimos meses siento que nos hemos distanciado un poco, sé que no te he escrito como lo solía hacer pero ya sabes cuales son las razones, sin embargo esto no quiere decir que no piense en ti y en este sentimiento que crece cada día más.

Aquel 29 de Noviembre fue para Adelia un día que jamás olvidaría. El doctor vino a su casa y después de examinar a su padre les había dicho que estaba viviendo sus últimas horas. Fue un golpe muy duro, a pesar de que ella y su familia sabían que ese momento llegaría un día. Esa noche todos estaban cerca de él y poco a poco la vida se le fue escapando. Ya no era él quien respiraba sino el que trabajaba solo. La tristeza de Adelia era muy grande al saber que el hombre a quien más quería en esta tierra la había abandonado y esa libertad que tanto había ansiado en la vida ya no era importante porque ese ser que le dio la vida y con quien compartió tantos años se había ido para no regresar jamás. Se sentía sola y no sabía que sería de su vida. Su vida había cambiado de un segundo a otro y ahora tenía que enfrentar muchas responsabilidades.

A pesar de tanto agobio y tristezas, Adelia se comportó de manera tranquila y en paz porque sabia que había ayudado a su padre en todo lo que había podido, además de que quería creer que él se iría a un sitio mejor donde no tendría que sufrir más.

Adelia hacia unos años, a partir de que le surgieran los ataques de pánico, empezó a tomar cursos sobre Reiki, Prana Healing y Tai-chi. Tres métodos de medicina alternativa que le habían ayudado bastante a superar todo ese dolor y el cambio que la ansiedad había producido en su vida diaria.

Un día un amigo a quien le había contado lo que le pasaba le dijo que visitara un festival de medicina alternativa con el fin de ver de qué manera podían ayudarla. Ella asistió y trató de conseguir información sobre todas las terapias. Esa misma noche una voz le decía "Reiki, Reiki", mientras ella dormía. Se levantó un poco preocupada porque no entendía porque oía eso. La noche siguiente la misma voz le repetía "Reiki, Reiki". La tercera noche se repitió lo mismo, así que decidió hablar con su amigo y decirle que ella quería hacer un curso para así aprender. Durante su trayecto en el mundo de las técnicas alternativas conoció a gente muy interesante que al igual que ella buscaban esa paz espiritual tan difícil de conseguir. Poco a poco se fue adentrando en el estudio de la energía universal y sintiendo que se creaba un cambio en ella haciéndola sentirse mucho mejor de cuerpo y alma. Largas horas dedicaba a leer y a instruirse más en el campo. Ya veía las cosas de otra manera y aquellas pequeñeces que ella no le prestaba anteriormente ninguna atención ahora si la tenían. Había aprendido que las pequeñas cosas de la vida como el canto de un pájaro, un anochecer, un amanecer o simplemente un árbol tenían para ella otro significado. Después de haber aprendido lo que estas técnicas le podían ayudar se dijo a si misma que la ansiedad tuvo su lado positivo.

Mi querida Adelia,
Después de haber leído tu carta me imagino por lo que debes estar pasando. No es fácil perder a un padre. A mi me paso lo mismo y a todos nos pasará lo mismo. Yo tenia una relación muy estrecha con el mío y lamentablemente no pude estar a su lado cuando falleció. Sólo me han quedado los buenos recuerdos, ese amor con el que nos crió, y su eterna dedicación a la familia. Me acuerdo que solía jugar con nosotros cuando éramos pequeños y luego cuando crecimos se sentaba por largas horas a platicar. Me

gustaba mucho su conversación, era un hombre muy culto.

En mis años de juventud me apoyo mucho y me hizo ver que la vida no es fácil y que hay que saber distinguir entre lo bueno y lo malo. Cuando tenia unos 16 años empecé a trabajar jardinero para ganarme algo de dinero. Una de nuestras vecinas se enteró y me dio trabajo. María José era de origen español y una mujer de unos 45 años. Se veía muy bien aparte de ser extremadamente coqueta. Su esposo la había abandonado y ella vivía con su hijo que asistía al colegio. Un día mientras yo cortaba el césped me dijo que cuando terminara fuera a la cocina a tomarme un refresco. A mi me pareció extraño, ya tenia trabajando donde ella dos meses y nunca me había invitado a nada. Hacia mi trabajo y me despedía simplemente. Me puse algo nervioso pero bueno no podía decirle que no. Cuando terminé toque el timbre y me dijo que entrara. Preparó una limonada para ella y una para mi. Me dijo que me sentara y hice lo que ella me decía. Empezó a hablar y a preguntarme sobre mi vida. Me preguntó que si tenia novia y le dije que sí. Fue poco lo que conversamos en esa ocasión.

Al día siguiente me invitó nuevamente pero en esta oportunidad hablamos más. Me preguntó si alguna vez había hecho el amor y le dije que no, que mi novia le daba miedo porque era virgen y tenía miedo de que le doliera, a lo que ella me respondió que si yo quería ella podría enseñarme como hacerlo para que a mi novia no le doliera. La idea me aterró por un segundo pero me gustó. Nunca antes había echo el amor y la verdad que quería experimentarlo. Todos mis amigos hablaban de ello y yo no tenía experiencia alguna. Entonces, con algo de timidez le dije que me gustaría aprender y ella contestó que si queríamos empezábamos ya. Me sorprendió como íbamos a empezar si mi novia no estaba con nosotros, pero ella dijo que primero tenia que hacerlo con ella para que cogiera experiencia antes de que lo hiciera con mi novia. La conciencia me remordió porque sentí que a mi novia no le gustaría la idea pero finalmente acepté. Nunca antes había sentido nada igual, esa mujer me enseñó a besar, a tocar y a sentirme como si estuviera en otro planeta. Ese fue nuestro secreto por un tiempo. Después de pasar ya varios meses me dijo que ya estaba listo para traer a mi novia. Que podía llevarla a la casa de ella que nos daría un cuarto. No fue fácil convencer a mi novia. Le dije todo y en el primer instante se volvió loca. Decía que la estaba engañando pero yo con una buena labia la convencí que la señora lo hacía para que ella gozará nuestra primera experiencia y para que no sintiera dolor. Finalmente se convenció y decidió

ir pero con mucho miedo. Cuando llegamos a la casa María José nos estaba esperando y nos recibió con mucho cariño. Nos tenía la habitación preparada y fuimos directamente. Yo entre primero y luego me siguió mi novia. Cuando nos desvestimos se abrió la puerta y vi entonces que era mi jefa. Le pregunté "qué haces aquí" y me dijo "así tu novia se sentirá mejor; los ayudaré y ella no tendrá miedo". Empezó a desvestirse y se metió con nosotros en la cama. Mi novia ponía cara de extraño pero no tuvo mucho tiempo a decir nada cuando la tomé entre mis brazos y casi forzosamente la hice mía. Mi novia gritaba porque decía que le dolía pero María José trataba de darle también placer al mismo tiempo . Ya había dejado de ser virgen, ahora todo sería más fácil. Esos encuentros se hicieron muy frecuentes y ya los tres nos habíamos acostumbrado a compartir el mismo lecho y las mismas caricias. Yo era el hombre de las dos y ellas estaban felices hasta un día que mi novia quedo embarazada. Fue algo imprevisto, no deseábamos a un niño, los dos éramos muy jóvenes. Entonces María José tomó una cita con un médico para hacerle un aborto a mi novia. Continuamos haciendo el amor los tres después del incidente hasta que un día María José dijo que no continuaría porque su esposo había regresado y que ellos querían volver a empezar un vida en común. Me sentí mal porque sin darme cuenta me fui enamorando de ella y la sentía mía y que me la estaban robando. Ella fue clara y dijo que no quería continuar y que tampoco trabajaría más donde ella. Me sentí desvanecer, me senté con mi padre y le dije todo. En vez de reprenderme empezó a aconsejarme. Me dijo que lo mejor que podía hacer era viajar e irme lejos de todo por un tiempo. Ya tenía que empezar la universidad y tendría que pensar en mi futuro. Acepté su propuesta y hablé con mi novia. Ella también quería estudiar así que lo aceptó de buena manera. Me fui del pueblo y pasé muchos años lejos de mi padre. El venía a visitarme y fue gracias a él que ahora soy lo que soy. Regresé después de muchos años y mi padre ya estaba mayor y enfermo. A los pocos meses falleció. Quería contarte esta parte de mi vida Adelia para que supieras como empecé a amar y a ser amado a tan corta edad. El amor a una novia, a un padre, a un hermano, a una tía son amores imposibles de olvidar. Cada uno es diferente pero son amores que calan hondo y se quedan dentro de nosotros hasta que llegue el momento de marcharnos de este mundo.

Querido Fred,

Gracias por tu carta y por tus palabras. Sé de lo que hablas y de ese amor que se le toma a las personas cuando son sinceras y buenas. Tuvimos a una chica en casa que desde que mi padre enfermó nos ayudó mucho. Mi padre la quería mucho y se dejaba cuidar por ella. Sofía, es una chica bastante delgada, baja de estatura y proviene del Lejano Oriente. Es bastante reservada y de gran una calidad humana. A mi padre lo cuidó como una verdadera hija, no descansaba para servirle a él y ver que a pesar de su pobre salud él se sintiera un poco más confortable. No dudaba en alimentarlo y en mantenerlo limpio si el momento lo pedía. En casa todos la queremos mucho especialmente mi madre. Cuando papá murió ella lloró mucho porque lo sentía como un padre teniendo el suyo muy lejos. Sofía tiene 6 hermanas y 3 hermanos. La mayoría de ellas trabajaban en el extranjero para poder ayudar a sus padres quienes ya estaban mayores y enfermos. Los padres vivían en una zona bastante lejos de la ciudad donde eran contados los habitantes, sin embargo los militantes si eran muchos. Las chicas no pueden ir en pantalones o faldas cortas sino que tienen que cubrirse de pies a cabeza porque sino son golpeadas por los militantes. Muchas de ellas son secuestradas y violadas. A los pocos meses de mi padre haber fallecido a Sofía le diagnosticaron hepatitis B y el mismo gobierno nos dio como plazo una semana para que saliera del país. No querían que más gente se infectara con el virus. En casa fue otra causa de tristezas. Ella tenía viviendo con nosotros cuatro años y había sido una excelente chica de confianza que se había echo querer por toda la familia. A mi personalmente me dolió mucho saber que Sofía tendría que irse e irse del todo. Trataba de hacerme la fuerte pero se me soltaban las lágrimas de sólo pensarlo. El día jueves había llegado y teníamos que llevarla al aeropuerto a embarcarse. Fueron unos momentos muy tristes y todos lloramos mucho al tenernos que despedirnos de ella. Ese amor del que hablas y dices que se le tienen a las personas lo entiendo muy bien porque Sofía siempre tendrá un lugar en nuestros corazones. Siempre la recordaremos como esa chica de mente limpia a la que se le podía confiar todo y que le tocó dejar un vida donde estaba a gusto para regresar a su pueblo donde ella misma decía la vida para una mujer es extremadamente difícil.

Sofía nos contó en varias ocasiones algunas de las tradiciones y la manera como vivían en su pueblo. Nos había dicho que no tenían cocina donde cocinar, que tenían que buscar leña para poder cocinar los alimentos. La primera vez que ella regresó a su tierra después de estar viviendo con nosotros dos años llegó con ideas nuevas y con otra manera de ver las cosas, con una manera diferente de comer. Les preparó una ensalada y la mayoría de la gente no quería comer porque no conocían la lechuga y tenían miedo de que les envenenará. Ella les explicó que la podían comer tranquilamente que no les haría daño. Según Sofía en su pueblo no comen de todo y el plato principal para ellos es el arroz. Sofía sufrió mucho cuando supo que tendría que regresar a su tierra debido a la enfermedad que había contraído. Pasó varios días llorando porque pensaba en la vida dura que tendría que volver a vivir. Para llegar a su pueblo le tocaba tomar un barco y en el duraba tres días para poder llegar a donde se encontraban sus padres. Con muchas lágrimas en el rostro se fue y nos dejó a nosotros también desolados y llorosos porque aprendimos a quererla mucho como ella también nos quiso a nosotros. Fred, en tus últimas cartas me hablas de todo pero no has vuelto a mencionar si vendrás a visitarme. Quiero que sepas que si tú no puedes venir y tienes algún inconveniente entonces yo podré viajar y finalmente podremos hacer realidad nuestro sueño de conocernos.

Adelia

Cinco largos años pasaron. Adelia continuaba escribiendo y esperando las cartas de Fred, manteniendo la esperanza de que algún día pudieran estar justos. Muchas noches añoró con vehemencia que él estuviera junto a ella y le diera un poco de amor. No podía entender por qué la espera no tenía fin. No entendía el por qué ese hombre que decía quererla tanto no hacía nada para que pudieran estar juntos. Ya no soportaba tanta espera. Una tarde se sentó y le escribió una larga carta en la que le decía firmemente que estaba decidida a ir donde él estaba y que ya no podía aguantar una espera que no tenía lógica alguna. Sólo sabía que le quería y que no estaba dispuesta a seguir perdiendo más años de su vida sola. Le dijo a Fred que quería que se casarán como él le había prometido en una de sus cartas y que estaba dispuesta a estar donde él estuviese. La carta fue enviada y al corto tiempo recibió una carta de Fred.

Mi estimada Adelia,
Para mi es un verdadero placer saber de ti y de tus intenciones de venir. Ya sé que te he prometido varias veces el irte a visitar y

por circunstancias que ya te he explicado en reiteradas ocasiones, lamentablemente no he podido ir . Me parece una idea increíble el que quieras venir. Ya he hablado con un amigo mío que nos ayudará a arreglar todos los papeles para que puedas hacerlo. Nos tomará algún tiempo, ya sabes que la situación en la que estamos no es fácil. Me encargaré de todo, te lo prometo. Dime, ¿tu familia pondrá alguna objeción para que puedas viajar? Si así fuera no me gustaría que tuvieras problemas con ellos por mi. Dime, si eso te causaría daños no quiero de ninguna manera que por darme a mi un poco de felicidad tú tengas inconvenientes. Sabes cuanto te quiero y para mi lo más importante en esta vida eres tú. Prometo llamarte en esta semana para tu cumpleaños. Te cuento que he soñado mucho contigo y que no veo el momento que al fin podamos unirnos en cuerpo y alma. Te quiero.

Adelia leía esas carta con ternura pero al mismo tiempo con desespero, la espera era cada día más larga y tediosa. A veces sentía un desespero por verlo, por saber quién era realmente ese hombre a quien ella creía amar. En más de una ocasión presintió que él le escondía algo que ella no podía describir pero estaba dispuesta a conocer la verdad aunque esto le tomará más tiempo.

Había pensado varias veces en dejarlo todo y olvidarse de él y de todo el amor que le prometía pero le aterraba la idea de verse sola.

Un día recibió una carta de Fred en la cual esperaba que le dijera definitivamente que ya podía empezar a arreglar sus cosas para viajar a dónde él estaba. Abrió el sobre y al empezar a leer la carta vio que el encabezamiento no era como el que normalmente Fred le escribía.

A Adelia,
He leído la última carta que va dirigida a Fred Patou y esta carta hizo que mi curiosidad buscará por el resto que él muy hábilmente ha escondido pero que yo más hábilmente he podido encontrar. Mi nombre es Nicole y soy la hija de Fred. No sé con que fines mi padre le escribe con regularidad pero he de decirle que tiene esposa e hijos. He leído que le ha prometido el cielo y la tierra pero no me explicó como puedo hacerlo si ya tiene una familia. Mi madre se ha enterrado de todo y como es de suponerse se ha enojado bastante. Hasta llegar al punto de botarlo de casa. El ha negado todo a pesar de que hemos leído las cartas. Sé que le ha dicho que hará todo tipo de sacrificios con el fin de

estar con usted, pero quiero que sepa que todo o casi todo lo que le ha dicho es mentira. También me he enterrado de que vendrá usted, por favor no le diga que le he escrito. Le propongo que cuando venga se ponga en contacto conmigo y yo le podré demostrar que todo lo que él le ha dicho es mentira. No es quien ha dicho ser, sino otra persona que de una manera bastante cruel ha jugado con sus sentimientos sin que usted se diera cuenta.

Ya usted sabe la verdad y me gustaría que se lo piense ya que mi padre, aunque me duela decirlo, es un pillo en quien no se debe de confiar. Si finalmente decide venir quiero que sepa que estoy dispuesta a que lo enfrentemos para que así no siga jugando con los sentimientos de nadie. He leído casi todas las cartas y esas historias que le ha dicho son solo eso, historias sin sentido alguno. Mi padre siempre ha sido un hombre muy soñador y con una mente muy creadora. Es cierto que él y mi madre no han sido la pareja perfecta pero llevan muchos años casados. El le ha asegurado a usted tener una edad que no tiene. Mi padre tiene realmente 65 años. No me explicó el por qué le ha hecho creer toda esa mentira pero solo él podrá explicarlo algún día. Si desea saber más, escríbeme a la dirección que viene en el sobre.

Entiendo por lo que debe estar pasando en este momento,

pero no quiero que sufra más y se siga haciendo más ilusiones, sería un crimen. De alguna manera deseo quitarle el velo que le ha puesto mi padre.

Nicole

Adelia pensaba y lloraba a la vez diciéndose cómo ese hombre había podido hacer una cosa así cuando ella había confiado en él y le había abierto su corazón. Se sentía confundida, traicionada y muy desilusionada. Es cierto que en muchas ocasiones sintió que él le mentía o que escondía algo pero nunca se imaginó que jugara con sus sentimientos como lo había echo. Era un ser cruel, ingrato y tenía una mente extremadamente sucia. No deseaba recibir una sola carta y mucho menos saber nada que tuviera que ver con él. Sentía que le odiaba y se sentía mal porque no quería que ese sentimiento tan impuro estuviera en su corazón. No le deseaba daño alguno pero quería que Dios se encargara de él y le diera su merecido. Ahora entendía porque había pasado tanto tiempo, ahora entendía porque un hombre que le decía amarla como ~~lo~~ decía él nunca había sido capaz de venir a verla y así estar juntos. Ahora todo encajaba para Adelia pero ya había

perdido cinco años de su vida esperando, como lo hacen muchas muchachas, a su príncipe azul, un príncipe azul que no existe sino sólo en los cuentos de hadas. Estaba furiosa, había tantas cosas que no entendía y que nunca entendería. Se sentía con el corazón hecho pedazos, como si se fuera muriendo poco a poco. No podía quedarse con tanto dolor adentro, de alguna manera tenía que sacar todo eso que llevaba adentro. Después de mucho pensarlo decidió escribirle una carta donde le decía que ya conocía toda la verdad.

Adelia entró en una etapa muy difícil y a pesar de que presentía que Fred no era del todo sincero le tomó mucho tiempo en volver a confiar en los hombres. Los primeros meses después de haber conocido la verdad continuaba esperándole todos los miércoles. El a pesar de haber sido descubierto continuaba enviándole cartas perfumadas que seguían diciendo cosas bonitas y seguían alimentándole el alma.

Fred,
Aún después de saberlo, mi mente no logra reaccionar a tanta

mentira. Han tenido que pasar cinco años para que me enterrara de que me mentías como ha una mismísima tonta. Te creí y confíe en ti; sin embargo jugaste con mis sentimientos de una manera cruel e ingrata. ¿Cómo has podido hacerlo? ¿ Acaso no pensaste por un instante que podrías herirme y hacerme sentir tan mal? Como puedes jugar con los sentimientos de una persona como lo has hecho con los míos? Nunca te creí capaz de hacer algo así. Desde un principio te dije que si tenias algo que decir me lo dijeras y que fueras sincero conmigo pero no lo fuiste; esperaste a que me enterrara por otra persona y en este caso tu propia hija. No entiendo lo que pretendías hacer. Me ofreciste la luna y las estrellas siendo que tenías ya a quien ofrecérselas. Eres un ingrato, y no te perdonaré esto jamás. No soy nadie para juzgarte, prefiero que sea Dios el que lo haga. Me hablaste tanta veces de la integridad, de la sinceridad y de tantas cosas que tú ni siguiera sabes lo que son. No tienes alma y eso me demuestra la clase de persona que eres y lo que puedo esperar de ti.

Me arrepiento de haberte abierto mi corazón y de hacerte parte de él. No lo mereces y nunca lo merecerás. Sólo le pido a Dios que te perdone.

A Fred le era indiferente todo lo que pudiera decir o pensar Adelia; él continuaba enviándole las cartas perfumadas e insistía en que él no estaba casado y que no tenia hijo alguno. Decía que esa mujer de alguna manera quería perjudicarlo y que él no la conocía de nada. Insistía una y otra vez que no sabía quien era y seguía ofreciéndole a Adelia una vida llena de amor y de dicha.

Mi querida Adelia,
No entiendo como esa mujer puede llenarte la cabeza de ideas que ella misma se ha creado. Sólo pretende hacernos daño y no lo voy a permitir. Te quiero demasiado como para dejar que una intrusa se interponga entre nosotros. Jamás te mentiría simplemente no podría hacerlo. Si esto fuera verdad yo resultaría un gran canalla y no tendría sentimientos algunos. No sería capaz de hacer algo así. Mi vida no tendría sentido sin ti y no quiero perderte. Eres ese ser con el que me identifico. Fui sincero contigo y te dije que la mujer a quien había querido tanto me había dejado y que no volvería jamás. No pienso perderte a ti ahora, creo que no lo soportaría; la vida sería extremadamente cruel conmigo si esto me ocurriera. Dime por qué tendría que

mentirte en una cosa así. Creí que me tenías confianza y que era todo para ti y resulta que alguien viene y te dice cosas sin sentido alguno sobre mi y le crees. ¿Dónde esta la confianza que dijiste tenerme, dónde esta el amor y todas esas cosas bonitas?

Tan solo quería decirte esto, me encuentro mal y me gustaría escuchar que todo esto que está pasando es una pesadilla y que me levantaré pronto y sabré que fue sólo un mal sueño.

Adelia se sentía cada vez peor porque Fred le decía que todo era mentira y la carta que ella leyó le aseguraba que estaba casado y que tenía hijos, no sabía a quien creerle. Siempre creía en su instinto y este le decía que Fred le estaba mintiendo. Fue entonces que decidió que no le escribiría más; necesitaba tiempo para ella y para poder olvidar ese momento de angustia y desconsuelo por la que la había hecho pasar ese ser en el cual creía haber encontrado el amor.

Amor,

Los días han pasado desde que supe toda la verdad y te aseguro que la he pasado bastante mal. Trato de ocuparme en mis cosas para no pensar pero de repente me viene el recuerdo y es enton-

ces que la tristeza regresa a mi corazón. ¿Sabes? Por otro parte le doy gracias a Dios por haberme dado la oportunidad de saber la verdad; no quiero ni imaginarme que hubiera pasado si me hubiera casado con ese hombre. También he pensado mucho y he decidido no cerrar las puertas a nada ni a nadie. El que esto no resultase no quiere decir que la vida no continua. A veces creo que todo lo que nos va a pasar está escrito y no es cuestión de casualidades. Mira como mi papá y mi mamá se conocieron. El salió de su pueblo natal en busca de mejores horizontes a un continente totalmente desconocido para él, sin saber el idioma, sin conocer tradiciones y culturas. Llega a un tierra de extraños para él, pero el deseo de superación lo hacen trabajar arduamente para lograr tener dinero y ayudar a su familia y ayudarse a ~~él~~ si mismo. Al año de haber llegado y de haber ganado un poco de dinero, en esos viajes largos de un lugar a otro conoce a una chica delgada, de ojos verdes y de un carácter fuerte. Una mujer de pueblo como él, acostumbrada al trabajo fuerte pero también con el anhelo de tener una mejor vida. El al verla se dijo "esta es" y no dudó un instante que ese sería el amor de su vida. La vio sólo una vez y juró que regresaría por ella. Mi madre ajena, a los deseos de mi padre, trabajaba y un buen día vio que un camión llegaba al pueblo. Era mi padre quien traía todo un cargamento para casarse con ella. En ese camión había regalos, zapatos, pantalones, blusas y hasta el vestido de novia. Mi mamá trabajaba en un almacén con un árabe amigo de mi padre. Los dos hablaron y el viejo, como llamaba mamá a su jefe, le dijo ese día que mi papá había llegado a casarse con ella. Mi madre aceptó casarse con un hombre que no sabía ni siquiera su nombre, su manera de pensar, o sus tradiciones, en fin no sabia nada de él. Una gran fiesta se hizo y se casaron al estilo árabe. Así empezó la vida de estas dos personas que no tenían nada en común y que han estuvieron casado por cuarenta años. La convivencia no fue nada fácil porque cada uno era como era, pero que ellos se conocieran y tuvieran una vida en común, estaba escrito y nadie podía cambiar ese destino. Cada cual vive lo que le toca vivir en esta vida.

Los años pasaron y en el destino de Adelia no estaba escrito encontrar el amor de su vida. Lo deseaba con tantas ganas, pero había llegado a la conclusión que en esta vida no todos nacemos para ser amados y amar. Tal vez esa misma ansia de encontrar a alguien le cerraba los ojos, haciéndole escoger a la persona errónea. Simplemente no se puede ir por la vida buscando el amor porque este llega sin previo aviso. En muchas ocasiones se sintió sola, sin esa protección que ella quería tener, sin ese calor humano que todo lo llena. Era como andar perdida en la vida. Su inspiración era el amor, el amor la llenaba de dicha, de glorias y la dejaba crear. Escribía mucho mejor cuando estaba enamorada. Tal vez por esa razón siempre buscaba a quien querer, alguien con quien compartir aunque solo fueran pequeños momentos de su vida. Cuando estaba enamorada todo en ella cambiaba, su ánimo, su manera de vestirse, de hablar con la gente, de ver la vida... todo era más sencillo, y más placentero. Durante esos momentos de gloria pintaba y producía verdaderas obras de arte. Para Adelia el amor lo podía todo, pues el amor es un antídoto que todo lo cura. El amor es una palabra mágica que juega un papel extremadamente primordial en nuestras vidas.

Amor,
He estado pensando en varias cosas y una de ella es que de ahora en adelante viviré de otra manera. A ver si me explico, no quiero que nada me moleste, no quiero ponerle límites a mi vida y que nadie me los ponga. Quiero ser libre y solamente disfrutar lo que la vida me ofrece. Creo que ya he pasado por muchos malos tra-

gos que sólo quiero vivir y vivir. No quiero que nada me lastime, sólo quiero sacar de cada situación lo mejor posible y ver la vida de una manera más positiva. También me he puesto a meditar y me he dado cuenta que en lo más profundo de mi ser le tengo miedo al compromiso, le tengo miedo a sentirme atada y a que me aten. Deseo tanto el amor, pero al mismo tiempo cuando lo tengo me asusta porque no quiero responsabilidades. El amor es bello pero acarrea muchas responsabilidades que yo no estoy segura pueda afrontar.

El otro día fui a ver a mi Master de Reiki y me dijo que el miedo al compromiso, los estereotipos y un pasado sin superar son normalmente las causas más frecuentes de que todo termine antes de empezar. Yo en muchas ocasiones he empezado una relación y cuando veo que todo va tomando una forma un poco seria entonces me da miedo y lo dejo todo. Para mi todo va bien mientras se trate de un juego, pero; a medida que las cosas van tomando forma el pánico se adueña de mi y es entonces que empiezo a crear evasivas. Todo esto surgió después de mis malas experiencias en relaciones pasadas. No quiero que nadie me hiera, es una manera de protegerme. También mi Master me dijo que en mi vida pasada estaba casada y que mi esposo me maltrataba y me amarraba, lo que hace que yo ahora odie que alguien me tenga atada y le tenga miedo a los compromisos.

Después de que ella me dijo todo eso entiendo muchas de las cosas por las que he pasado. Ahora entiendo porque terminé con un chico que conocí una vez cuando fui a ver a los niños minusválidos. Me acuerdo muy bien, yo llegue a visitarlos y él ya estaba ahí. Nos sentamos todos juntos y empezamos a hablar. El me pareció agradable. Cuando me despedí después de haber pasado allí unas dos horas él me siguió y me pidió mi número de teléfono y yo con mucho gusto se lo di. A los pocos días me llamó y nos pusimos de acuerdo en ir a tomar algo. Ese día se apareció con una rosa roja. No me era indiferente para nada. Era un chico bastante sencillo y con mucha humildad. Salimos a tomar algo y pudimos hablar por un buen rato. Ahí empezó todo. El era muy especial no había un día que no tuviera un detalle conmigo. Todos los días se presentaba con un ramo de flores y yo no podía pedir más de él, hasta que un día se le ocurrió que quería que nuestra relación llegará a más. Sentía quererlo mucho pero no sabía lo que quería. No estaba segura de que quería terminar mis días con él. Pasábamos muy buenos momentos juntos, era como si nuestras almas se conocieran de antes pero supongo que eso no era suficiente. Fue entonces que el pánico se apoderó de mi y decidí de un momento a otro que todo tenía que terminar con él. Puse excusas tontas, sin bases, pero tenia que salirme de todo eso. Se lo dije sin pensarlo mucho y como era de esperarse el mundo se le vino abajo. No podía entender como yo le pedía algo así cuando todo iba muy bien. Simplemente le dije que no éramos el uno para el otro y, claro, después de hacerle esto no quiso verme más. En varias ocasiones me preguntó que si algún día yo tuviera una niña que nombre me gustaría ponerle y yo le dije que Nathalie. Al tiempo de habernos dejado el conoció a otra chica con la que se caso y tuvieron una niña a quien llamaron Nathalie.

Adelia mientras seguía en la búsqueda de ese algo que le hacía falta en la vida y al que le tenia muchas ansias continuaba tratando de escribir y de abrirse paso en el mundo de la literatura. Había conseguido un trabajo en un periódico lo cual la hacía muy feliz. Tenía que salir a la calle y estar en contacto con el mundo para así plasmar en una hoja una historia que muchos leerían. Ella recordaba con mucha curiosidad un día que le tocó hacer unas entrevistas sobre los pequeños trabajos en pleno centro de la ciudad. Primero entrevistó a una mujer que vendía cigarrillos, quien le contestó a sus preguntas de buena manera.

Luego entrevistó a varias personas más y no tuvo ningún inconveniente, hasta que habló con un niño de unos 10 años que vendía caramelos. Al quererle tomar al niño una foto para ilustrar el artículo le salió de la nada un hombre que no le pareció la idea de la foto y le dijo que no la sacará. Ella insistió que era sólo una foto pero el hombre enfurecido trató de quitarle la cámara con intenciones de romperla. Fue entonces que le dijo que mejor se fuera y que no volviera por ahí más. Ella decidió que mejor era irse pero el hombre empezó a perseguirla. A Adelia no le tocó otro camino que meterse en un restaurante y quedarse ahí por unas dos horas bebiendo chocolate caliente hasta que el hombre por fin desapareció. Después de este episodio Adelia fue llevada al hospital donde tuvo que ser operada de emergencia de la vesícula. En cada historia de sus artículos hay una historia, hay un relato de algo que le ha pasado. Para ella son momentos inolvidables, momentos que hacen de sus artículo toda una aventura.

Amor,

He conocido a un chico español. Todo surgió así, tan rápido, que no me he dado cuenta de nada. Vino aquí por cuestiones de trabajo y nos conocimos por casualidad. El no vive aquí, vive en Madrid y ya se ha regresado. Mientras estuvo aquí salimos unas cuantas veces, y qué te puedo decir; me cae muy bien. Su sentido del humor me encanta. El primer día que salimos nos reímos mucho; hacia tanto tiempo que no me reía como lo hice ese día. No es el tipo guapo que enloquezca a las mujeres, pero en definitiva no es eso lo que yo busco. Tiene algo que me llama la atención, tal vez sea su manera diferente de tratarme, no lo sé.

Antes de irse intercambiamos nuestras direcciones y decidimos que nos mantendríamos en contacto. Hace unos días recibí su primera carta y yo le respondí tan pronto pude. Los amigos son un buen regalo de Dios, porque nosotros los escogemos.

Hola José Antonio,
Me alegré al recibir tu carta. No pensé que me escribirías tan pronto. Quiero que sepas que la pasé muy bien contigo, me divertí mucho. He estado pensando en la última noche en la que salimos y que en la oscuridad de la noche me pediste permiso para besarme. Fue algo especial para mí y espero que también lo haya sido para ti. Pocas noches como esas he pasado y hay algo

en ti mágico que no llegó a comprender. Quizás el tiempo se encargue de explicarlo. Después de haberte sentido por unos instantes no puedo sacarte de mi mente y has hecho que me quede flotando en una nube sin saber como bajarme de ella. Me alegra de que estés bien. Espero saber de ti pronto. Un beso.

Adelia Martínez

Entre ella y José Antonio había quedado la llama prendida. Y se habían puesto de acuerdo en mantenerla así al menos hasta que él regresará. José Antonio le contestó a su carta sin dejar pasar el tiempo.

Hola cariño,
Después de varios días de fiesta me acabo de reincorporar al trabajo. Acabo de leer tu carta y me ha parecido hermosa. La distancia hace que el tiempo que se está junto se valore más. Por eso cuando te ves no discutes por tonterías, pues no quieres perder el tiempo en pequeñeces. La mayoría del tiempo los pequeños detalles son la antesala e impiden que veamos lo más importantes. Soy de las personas que piensan que viviendo lo grande puedes

resolver lo pequeño. Pues cuando vives lo grande ganas mucho, tienes la satisfacción de ser mas feliz y por lo tanto eres capaz de renunciar a aquellos pequeños detalles por no perder los grandes. Quiero que sepas que tienes en mi a un soñador . Como puedes apreciar, no importa la cantidad sino la calidad. Lo ideal es hacer que todo el tiempo que queda por vivir sea de calidad. Yo también recuerdo con mucha emoción nuestra última noche juntos, cuando me llevaste a recorrer la ciudad. ¿Cómo no recordar la noche cuando descubrí el sabor de tus labios? Aún te siento dentro de mi como el magma en un volcán a punto de estallar.

Un beso cariño. Ahora y en los momentos de soledad seguiré siendo tuyo.

Adelia había empezado a vivir ese nuevo amor con más cautela, a pesar de que no era nada fácil no rendirse ante tanta palabra bien dicha. En esta ocasión no quería sufrir y no quería dejarse llevar tan fácilmente por los atractivos de un hombre a quien conocía tan poco. Le interesaba su amistad si estaba escrito que fueran amigo o no, pero no pensaba de ninguna manera forzar la relación. Algo había aprendido y era que no debía de darlo todo. Después de sus experiencias amorosas tuvo muy claro que

a los hombres no hay que abrirles el corazón completamente porque simplemente ella no confiaba en ellos del todo. Adelia tenía un sexto sentido para saber cuando alguien no era del todo sincero. Desde pequeña sabía que tenía algo diferente, a veces podía presentir cosas, y en más de una ocasión tenía corazonadas que acababan cumpliéndose.

A partir de los ataques de pánico cuando empezó a estudiar el Reiki fue que se dio cuenta que tenía una fuerza para curar pero que tenía que desarrollar, pero estaba escondida y tenía que hacerla salir a la superficie.

Hola José Antonio,
Espero estés bien. Me alegra saber de ti. Quiero que sepas que me encanta mucho la manera como escribes, es como si estuvieras escribiendo poesía. Eso me dice como eres en tu interior, espero que no me equivoque. En tú última visita a mi país no tuvimos la oportunidad de hablar como a mi me hubiera gustado. Vienes por tan poco tiempo que son escasas las cosas que podemos hacer. Es cierto lo que dices en tu carta que no es la cantidad de tiempo sino la calidad y que cuando se está junto no se piensa en pelear sino en disfrutar y en aprovechar el tiempo

lo mejor posible. Pero las relaciones a distancia no son fáciles porque cuando se anhela estar con la otra persona no se tiene ahí. Muchas veces deseo salir o compartir con ese ser querido, pero resulta que no está conmigo y es entonces que me siento tan sola que me digo que esto no resultará. Me gusta tener tu amistad porque me llenas de energía y me das buenas sensaciones y creo que eso es importante. Esa llama que hemos dejado encendida quiero que sepas que se mantiene cual la dejaste. Espero que no tardes en venir. Las esperas no me gustan y tengo mis razones. Espero que nos mantengamos en contacto. Un abrazo.

Era cierto que este hombre no le era del todo indiferente, tal vez porque tenía una manera diferente de decir las cosas. El era un poeta soñador que decía todo con palabras que reman y con un tono de voz que enamoraba a cualquiera. Era una persona enamorada del amor. Adelia estaba encantada porque por fin consiguió a alguien que como ella estaba loca de amor y eso la hacía verlo como ese ser especial que con una mirada la hacía sentirse feliz y la llenaba de mucha energía, de hacerla sentirse entre las nubes.

Hola Adelia,

Sigo pensando en ti como el primer día que pude probar el sabor de tus labios. He estado con gripe pero afortunadamente ya esta dimitiendo y vuelvo a ser una persona entera y no disminuida. Este fin de semana me iré a la playa con mi familia y dejaré un mensaje en el aire con dirección a tu ciudad, y cuando sientas que una ligera brisa recorre tu cuerpo, es mi caricia depositada que te abraza y surge un te quiero que retumba en tu corazón. Tengo muchas ganas de verte y de hacer realidad todos los sueños que tenemos almacenados en nuestro interior.

El tiempo que pienso en ti es hermoso y gratificante. Yo me siento afortunado en contar contigo. Me siento como al tener un tesoro, a cada instante estás en mi mente y cada pensamiento que roza mi alma adquiere un nuevo brillo.

Hoy he estado con mi madre y la he convencido de hacer las bodas de oro para el 15 de Enero. Espero que entre todas las personas que le queremos le demos una buena despedida. Como ya sabes ella esta un poco mal y quiero dedicarle el tiempo que sea posible. Te quiero.

Querido José Antonio,

Puedo sentir que de veras me quieres y para mi eso es importante. Quiero que sepas que yo también te quiero. ¿Sabes? Todo esto parece mentira, no sé cómo ha pasado. Un día cualquiera te conozco, salimos y entre bromas empieza algo que aún no me explico como ha surgido. Sinceramente pienso que es Dios que nos ha puesto en el mismo camino y como ya ves, estamos en el, tratando de poder estar juntos y poder amarnos de una forma maravillosa.

Siento que tenemos algo en común y ¿sabes qué es? Que los dos queremos vivir el amor, que los dos queremos dar, que los dos queremos querer y ser queridos, que los dos somos unos soñadores, que amamos la vida, que queremos dar todo ese amor que tenemos adentro. Siempre he soñado con poder compartir con ese hombre tan especial todo ese amor, hacer una vida sencilla, con humildad, al lado de la gente que me quiere, ayudar y dar lo mejor de mi. Vivir sin complicaciones y vivir llena de amor. Levantarme en la mañana y poder darle gracias a Dios por haberme dado tanto amor y poder darle a mi compañero el primer beso para después abrazarnos en un abrazo infinito y darle entonces los dos las gracias a Dios por habernos unidos y por permitirnos poder compartir tanto amor. Tal vez sea una soñadora igual que tú, pero creo que si nosotros queremos que esto suceda es muy posible que así sea. Nosotros mismos construimos nuestro futuro y si queremos que esté lleno de amor, así será. Es cierto que cada individuo es un mundo, pero sinceramente pienso que la vida es muy corta como para no darle al amor la oportunidad de estar presente a cada instante en nuestra vida diaria. Todos tenemos responsabilidades, pero creo que hay que abrirle la puerta a lo bello que tiene la vida y poder disfrutar de todas esas pequeñas cosas que la hacen bonita y agradable. Me gusta hablar contigo porque siento que puedo hablar de todo y que hay comunicación y eso es importante.

Sólo quiero que sepas que me siento feliz de conocerte, de que este sentimiento mutuo nos llene de dicha y que simplemente quiero decirte que te quiero.

Adelia empezaba una nueva relación pero estaba vez no quería correr más riesgos no sabía si las palabras de amor mágico y bello del que hablaba ese hombre que apenas conocía eran ciertas o no. No sabía si todo lo que ofrecía y sentía era verdad o era simplemente una ilusión. Ella se sentía bien al lado de él pero José Antonio era un hombre acostumbrado a enamorar y a enamorarse. Adelia sabia que no podía confiar mucho en ese amor que recién comenzaba simplemente porque ella misma no sabia si era sólo una ilusión. Casi toda su vida la vivió de ilusiones pero ya no estaba segura de que quería seguir viviendo así o si prefería vivir sólo de la realidad.

www.ingramcontent.com/pod-product-compliance
Ingram Content Group UK Ltd.
Pitfield, Milton Keynes, MK11 3LW, UK
UKHW041923190726
13854UKWH00003B/1401

9 781425 101688